Niwronau a Dysbracsia (ACD)

Marielle Bayliss

Lluniau gan Kellyanne Thorne

GRAFFEG

Helô, fi yw Daf y niwron.

Mae niwronau'n rhan o bopeth mae dy gorff yn ei wneud.

Beth yw niwron?

Mae niwronau'n anfon negeseuon o amgylch y corff, yn gwibio yn ôl a 'mlaen o dy ymennydd.

Eisiau ennill?
Byddwn ni'n dy helpu i
gadw dy gydbwysedd.

Pigo dy drwyn? Mi wnawn ni
wneud i dy fys symud ...
er ei fod yn beth ych-a-fi!

Ond mae ambell beth yn ein helpu ni.

Yr Ymennydd

Mae dy ymennydd fel siwper-cyfrifiadur, yn rheoli popeth, o bob symudiad i bob teimlad.

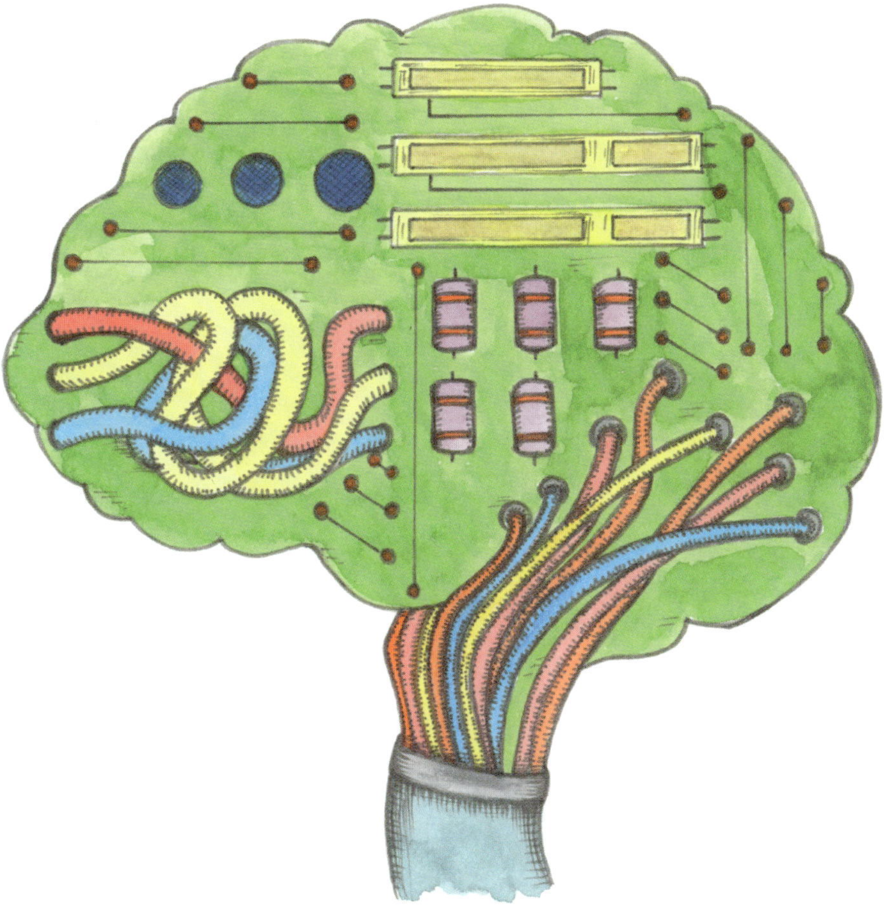

Mae ganddo lawer o blygiadau –
er mwyn iddo ffitio yn dy ben.

Heb y plygiadau hyn, byddet
ti angen pen enfawr!

Mae niwronau yn anfon negeseuon i'r ymennydd.

Mae'r ymennydd wedyn yn gwneud penderfyniadau yn seiliedig ar y negeseuon hyn.

Paid â bwyta
losin wrth
fownsio ar y
trampolîn!

O gwestiynau anodd ...

... i rai hwyliog.

Ry'n ni hyd yn oed yn anfon negeseuon am arogleuon i'r ymennydd. Synhwyrwn rai hyfryd ...

A rhai drewllyd!

Gyda'n gilydd, ry'n ni'n gweithio'n gyflym iawn er mwyn gwneud popeth!

Trên y Niwronau

Mae niwronau'n defnyddio llinyn asgwrn y cefn a'r brif system nerfol i anfon negeseuon i dy ymennydd. Mae fel rheilffordd a threnau di-ri yn gwibio ar ei hyd.

TRÊN Y
NIWRONAU

YNA NÔL I'R OERGELL
STOP!
EI ARLLWYS
NÔL LLAETH
CER I'R OERGELL
TRÊN Y NIWRONAU

Mae gan bob un rhan o'r trên ddarn o wybodaeth newydd. Gyda'i gilydd, mae'r rhannau hyn o wybodaeth yn dy helpu i wneud tasgau bob dydd.

Weithiau, dyw'r rhannau ddim
wedi eu cysylltu'n iawn, gan arafu,
dod yn rhydd, neu fynd ar hyd
y lein anghywir.

POWLEN
LEFR
STOP!

JAM
HŴPS

Pan mae hyn yn digwydd, gall tasg gymryd mwy o amser, neu gall rhywun ddrysu.

Mae'r cysylltiadau coll hyn yn medru digwydd yn weddol aml i rywun sydd ag ACD.

Dyma Erik

Mae Erik wrth ei fodd yn gwneud chwaraeon.

Weithiau mae'n anodd iddo ddal i fyny â'r lleill. Byddai'n hoffi clymu ei wallt yn ôl ond mae ei fysedd yn teimlo'n lletchwith.

Gall Erik fod yn hwyr am fod tasgau bob dydd yn anodd.

Mae'n teimlo'n rhwystredig pan mae'n methu gwneud beth mae am ei wneud. Mae gan Erik ACD.

ACD

Ystyr ACD yw Anhwylder Cydsymud Datblygiadol. Enw arall amdano yw Dyspracsia. Mae'n gyflwr sy'n effeithio ar symudiadau'r corff a chydsymud. Mae fel petai corff Erik ddim yn gwrando ar ei ymennydd.

Dal y bêl!
Ddim fel'na!
Na, y ffordd arall!

Gall fod yn anodd i Erik roi ei feddyliau personol mewn geiriau.

Rhaid i Erik ganolbwyntio'n galed i wneud rhai o'r pethau y mae ei ffrindiau'n eu gwneud.

Mae ACD yn wahanol i bawb.
Gall pobl:

- Deimlo'n ddryslyd yn hawdd.
- Bod yn anghofus.
- Ei ffeindio hi'n anodd rhoi eu meddyliau mewn geiriau.
- Cymryd mwy o amser i wneud tasg drafferthus.
- Colli manylion bach.
- Bod yn aflonydd.
- Blino'n hawdd.

- Ei ffeindio'n anodd i gadw cydbwysedd.
- Ffeindio chwaraeon yn heriol.

Er hyn, gall ACD helpu gyda rhai pethau. Gall pobl:

- Fod yn dda yn datrys problemau.
- Gweld y darlun ehangach.
- Poeni llai am fanylion bach.
- Bod yn benderfynol a gweithio'n galed.
- Bod yn greadigol.
- Bod yn wrandawyr da.
- Bod yn garedig.
- Bod â synnwyr digrifwch da.
- Addasu i sefyllfaoedd newydd.
- Bod yn dda yn rhesymu.

Dril Daf

Mae Erik yn byw, gweithio a chwarae ag ACD, ac mae'n dysgu defnyddio'i gryfderau. Mae ymennydd Erik yn ei ailweirio'i hun yn gyson er mwyn ei helpu i addasu. Dyma rai pethau sy'n helpu Erik ...

ACD – Sut i
helpu ...

TASGAU
BANDIAU GWALLT

- Mae'n addasu er mwyn gwneud ei dasgau.
- Mae'n caniatáu mwy o amser.
- Mae'n gofyn am help os oes angen.
- Mae'n torri tasgau mawr i rai llai.
- Mae'n garedig i'w hunan os yw'n gwneud camgymeriadau.
- Mae'n cael sawl seibiant; mae'n gweithio'n galetach er mwyn gwneud tasgau bob dydd.
- Mae'n dysgu'n well pan mae'n gweld beth sy'n digwydd.
- Peidiwch â dweud wrth Erik – dangoswch iddo.

Chwarae ac Ymarfer!

Fyddai Erik ddim am newid ei ymennydd anhygoel.

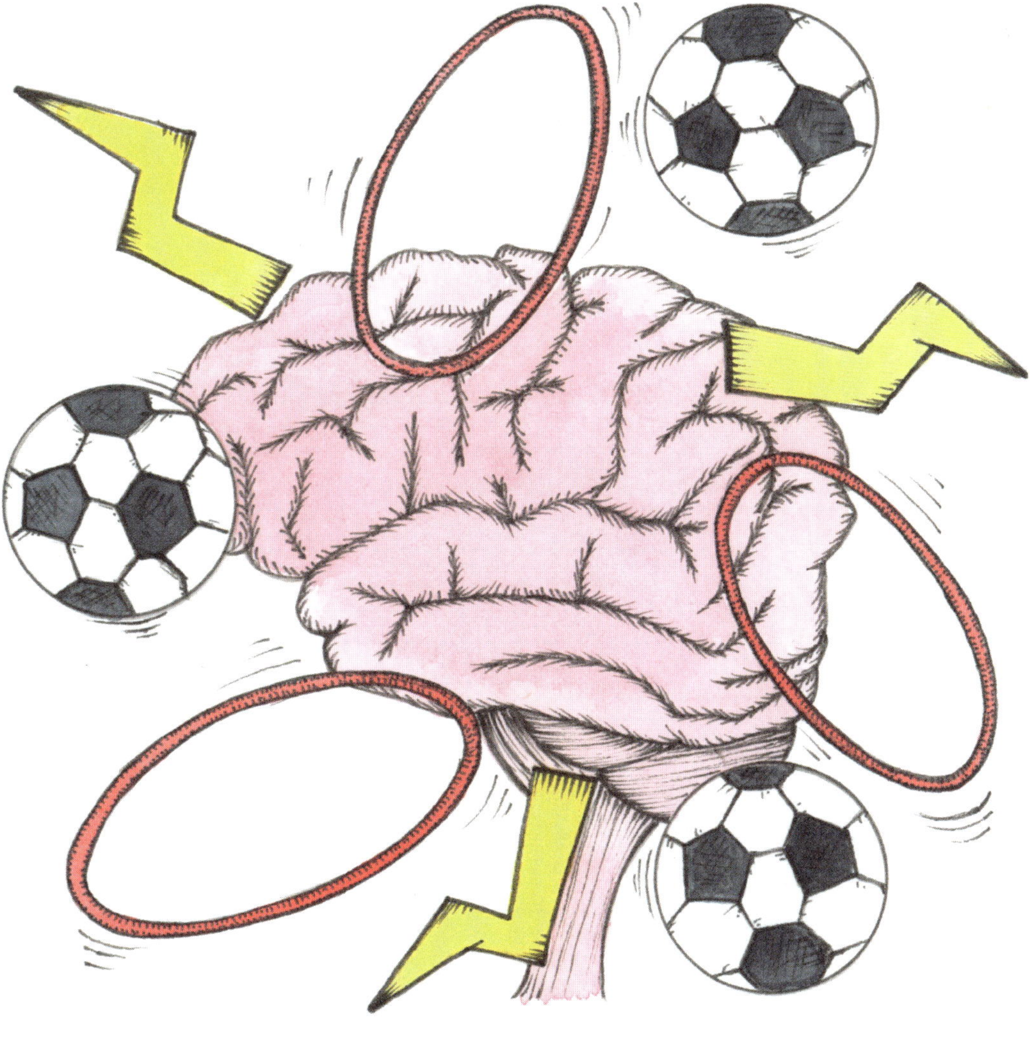

Dyw cael ACD ddim yn golygu na all ymuno yn yr hwyl a gwneud y cyfan. Efallai fydd angen iddo wneud rhai newidiadau. Efallai fydd angen iddo ymarfer ychydig mwy... ond gall ymarfer fod yn llawer o hwyl!

Niwronau a Dyspracsia (ACD)

Cyhoeddwyd yn wreiddiol dan y teitl *Neurons and Dyspraxia (DCD)* yn 2025 gan Graffeg Cyf.

ISBN 9781805950943

Graffeg Cyf., 15 Cwrt Neptune, Ffordd Vanguard, Caerdydd CF24 5PJ, Cymru, DU. Ffôn 01554 824000. croeso@graffeg.com www.graffeg.com

Mae Marielle Bayliss drwy hyn yn cael ei chydnabod fel awdur y gwaith hwn, yn unol ag adran 77 o Ddeddf Hawlfreintiau, Dyluniadau a Phatentau 1988.

Argraffwyd gan FINIDR, s.r.o., Czechia.

Mae cofnod catalog CIP ar gyfer y llyfr hwn ar gael o'r Llyfrgell Brydeinig.

Dymuna'r cyhoeddwr gydnabod cymorth ariannol Cyngor Llyfrau Cymru, www.gwales.com.

Teitlau'r gyfres:

Niwronau ac Epilepsi
ISBN 9781805950929

Niwronau ac Awtistiaeth
ISBN 9781805950936

Niwronau a Dyspracsia (ACD)
ISBN 9781805950943

Niwronau a Dyslecsia
ISBN 9781805950950

Niwronau a Syndrom Tourette
ISBN 9781805950967

Niwronau ac ADHD
ISBN 9781805950974

Am fwy o wybodaeth sganiwch y cod QR:

Ariennir gan
Lywodraeth Cymru
Funded by
Welsh Government

FSC www.fsc.org CYMYSG Papur o ffynhonnell gynaliadwy FSC® C014138